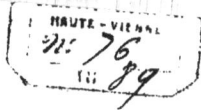

PROJET DE LOI

DESTINÉ A MODIFIER ET A COMPLÉTER

LA LOI DES 25 VENTOSE ET 5 GERMINAL AN XI

(16 et 26 mars 1803)

SUR L'ORGANISATION DU NOTARIAT

TITRE I. — SUPPRESSION DES CLASSES. — RESSORT. TARIF UNIFORME.

ARTICLE PREMIER.

A partir de la promulgation de la présente loi, les trois classes de notaires n'en formeront plus qu'une seule et aucune distinction légale ou réglementaire n'existera plus entre eux.

ART. 2.

Le ressort dans lequel les notaires exerceront leur ministère est uniformément fixé à l'étendue du ressort des tribunaux de paix seulement.

Les notaires résidant dans les villes où il y a plusieurs justices de paix ou tribunaux de paix, instrumenteront dans l'étendue de tous ces tribunaux, quelque nombreux qu'ils puissent être.

C.

Art. 3.

Un tarif général et unique, établi conformément au tarif de la Compagnie des notaires de Paris, avec les additions que celui-ci devra comporter pour embrasser tous les actes que peut recevoir un notaire, sera dressé et promulgué dans un délai d'une année.

A partir de la date de la promulgation du dit tarif, le tarif de 1807 et tous autres adoptés par les chambres de province, sans exception, seront et demeureront abrogés.

Art. 4.

La taxe des frais, déboursés et honoraires, est maintenue pour être présentée aux clients qui la demanderont, et nulle assignation ne sera lancée sans que l'état de frais ait été approuvé par le Président du tribunal civil.

Art. 5.

Les quittances des actes de notaires énonceront séparément, d'une part les déboursés en timbre, enregistrement, inscription, transcription, et, de l'autre, le montant des honoraires et droits d'expédition légalement perçus par le notaire.

La prescription des droits dûs aux notaires est et demeure régie par la loi du 5 août 1881.

TITRE II. — STAGE. — EXAMENS

Art. 6.

La durée du stage auquel est soumis tout aspirant au notariat sera désormais uniforme et fixée à six années; au cours des deux dernières, l'aspirant devra avoir travaillé pendant un an au moins en qualité de premier clerc.

Art. 7.

Sont et demeurent abrogés les articles 37, 40 et 41 de la loi du 25 ventôse an XI, qui prescrivent une durée de stage plus ou moins longue, selon que ce stage est accompli dans l'étude d'un notaire de première, de deuxième ou de troisième classe.

Art. 8.

Les aspirants au notariat pourront à l'avenir se faire inscrire et devenir premiers clercs dans toute étude de France, à leur choix, et traiter d'un office dans telle résidence qui leur conviendra, à la condition toutefois d'avoir satisfait au stage et aux examens prescrits par la présente loi.

Art. 9.

Ils ne pourront se présenter à l'examen devant le Jury dans le ressort duquel ils seront inscrits au moment où ils se disposeront à subir leurs épreuves.

Art. 10.

Tout aspirant au notariat sera tenu de satisfaire à trois examens successifs, séparés l'un de l'autre par un intervalle de deux ans au moins.

Ces examens comprendront une partie écrite et une partie orale.

Art. 11.

Les mesures d'ordre relatives aux examens, les pièces à produire, les droits à verser seront réglés par une circulaire du Ministre de la Justice.

Art. 12.

Si, après avoir satisfait à la dernière de ces épreuves, l'aspirant laissait passer deux années sans traiter d'un office, il serait tenu, ce délai écoulé, de subir de nouveau le troisième examen.

Il sera dispensé de se soumettre à cette quatrième épreuve s'il a continué d'être inscrit en qualité de premier clerc dans une étude de notaire et d'en remplir réellement les fonctions.

Art. 13.

Le programme du premier examen comprendra : 1° les lois, ordonnances, décrets et circulaires relatifs à l'organisation du notariat en France ; 2° une partie de la loi du 13 brumaire an VII, sur le Timbre ; 3° une partie du Code civil ; 4° et, pour composition écrite, une dictée et la rédaction de certains actes simples.

Le deuxième examen roulera sur une partie de la loi du 22 frimaire an VII, sur l'Enregistrement, ainsi que sur les chapitres du Code civil non compris au programme du premier.

Les épreuves écrites consisteront dans la rédaction d'actes plus difficiles qu'au premier examen, y compris les liquidations simples de communautés et de successions.

Le troisième examen sera la récapitulation générale des deux premiers examens et comprendra, en outre, la rédaction des actes les plus difficiles et quelques notions des Codes de commerce et de procédure et la seconde partie de la loi de frimaire an VII.

L'aspirant devra justifier, de plus, de la connaissance des règles usuelles de l'arithmétique, fractions, proportions, système métrique ; des éléments de la géométrie et de l'arpentage ; de la géographie physique et politique de la France et de notions générales sur l'administration et l'assiette de l'impôt.

Art. 14.

L'aspirant qui aura été reçu à son troisième examen aura le titre de candidat notaire ; mais son diplôme ne lui sera délivré que le jour où il aura prêté serment devant le tribunal de 1re instance de sa résidence.

Art. 15.

Il est établi, près de chaque Cour d'appel, un Jury chargé de faire subir les examens des aspirants au notariat.

Il est composé comme suit : 1° le président du Tribunal de première instance du siège de la Cour, président de droit avec voix prépondérante ; 2° le président de la Chambre des notaires près la Cour, vice-président du Jury ; 3° le bâtonnier de l'Ordre des avocats près la Cour ; 4° un membre de la Chambre des notaires désigné chaque année par la compagnie des notaires près la Cour, à la réunion générale du mois de mai ; 5° enfin le président de la Chambre des avoués près la même cour.

Art. 16.

Les examens seront publics et auront lieu un jour non férié, soit dans un local du tribunal de première instance, soit à la chambre des notaires, au choix du président du Jury.

Les frais d'examens seront répartis également entre les cinq examinateurs, mais les droits revenant aux deux notaires tomberont jusqu'à concurrence d'un tiers dans la bourse commune de la Chambre des notaires près la Cour d'appel.

Art. 17.

Pour être admis à subir un examen devant le Jury, les clercs de notaires seront tenus de déposer au secrétariat de la Chambre des notaires de la ville où siège la Cour d'appel, indépendamment d'un extrait du registre de stage de la Chambre où ils sont inscrits comme clercs, deux certificats de probité, de moralité et bonne conduite, l'un émanant de ladite Chambre, l'autre délivré par le notaire chez lequel l'aspirant travaille ou par celui chez lequel il aura travaillé, si, ayant changé d'étude, il n'est pas encore inscrit dans cette nouvelle étude à l'époque de la session des examens.

2

TITRE III. — COMPTABILITÉ.

Art. 18.

A dater de la promulgation de la présente loi, tous les notaires de France seront assujettis à une comptabilité uniforme.

Il est accordé aux notaires en exercice au moment de la promulgation de la présente loi, un délai de trois mois à partir de la dite promulgation pour mettre leurs livres à jour.

Les notaires qui n'auront pas de livres suffisants seront tenus de se les procurer et d'en faire usage dans le délai de trois mois ci-dessus déterminé, sous peine de 100 francs d'amende, et en cas de refus, de suspension pendant six mois.

Art. 19.

Les livres dont la tenue est obligatoire pour les notaires sont au nombre de trois : le livre journal, le grand livre et le registre ou carnet des dépôts. Ces livres seront tous cotés et paraphés par le président du Tribunal de première instance ou un juge délégué.

Art. 20.

Les inspecteurs et sous-inspecteurs, avec ou sans résidence, attachés à l'administration de l'Enregistrement et des Domaines seront chargés de la surveillance et du contrôle des trois livres désignés dans le précédent article.

Le registre de dépôts sera présenté tous les mois au Receveur de l'enregistrement, qui, après avoir vérifié les additions des sommes reçues et retirées, y apposera son visa et fera son rapport au Directeur du département.

Art. 21.

Le contrôle des livres par les employés de l'Enregistrement pourra être exercé, au choix du notaire, en son étude ou au bureau de l'Enregistrement.

Art. 22.

· Les dépôts faits en numéraire et billets de banque au nom des clients devront être placés dans des sacs distincts, portant une étiquette avec le nom du déposant et celui de la personne appelée à bénéficier dudit dépôt.

Les inspecteurs et sous-inspecteurs de l'Enregistrement pourront requérir communication de la caisse des dits dépôts et les vérifier.

Art. 23.

A l'avenir, le double du répertoire légal remis au greffe du Tribunal civil présentera une colonne spéciale où, en regard de chaque acte, sera inscrit, très lisiblement, le chiffre des honoraires perçus pour ledit acte.

Chaque énonciation inexacte relevée au double du répertoire donnera lieu à une amende de 5 francs contre le notaire, sans préjudice des peines disciplinaires ou judiciaires qui pourront, s'il y a lieu, être prononcées contre lui.

Art. 24.

Il est interdit à tout notaire, sous peine d'une amende de 100 fr., d'une suspension de un à trois mois et de peines plus graves en cas de récidive, d'accepter et de faire figurer au registre de dépôts une somme qui n'aurait pas de destinataire déterminé. Telle, par exemple, qu'une somme à lui comptée par un prêteur pour un emprunteur non désigné nominativement, mais bien laissé au choix du notaire.

Art. 25.

Il est toutefois permis au notaire de recevoir les intérêts provenant de prêts faits dans son étude, les fermages et loyers dus en vertu de baux, même sous signatures-privées, mais enregistrés, reçus par lui ou ses prédécesseurs. Ces sommes devront figurer sur le registre de dépôts, quel qu'en soit le chiffre.

Il pourra également recevoir, en les inscrivant sur le dit registre de dépôts, les intérêts et fermages dus en vertu de titres à lui remis par une personne quelconque.

Art. 26.

Il est formellement interdit à tout notaire de recevoir à titre de dépôt et d'inscrire comme tel sur le registre de dépôts, les prix de vente que l'on désirerait payer le jour de la réception de l'acte, les fonds destinés à être prêtés, les soultes de partage et autres sommes de ce genre, sous peine, pour le notaire contrevenant, d'être suspendu de ses fonctions pendant six mois, et révoqué en cas de récidive.

Art. 27.

L'acheteur qui voudra payer comptant son prix d'acquisition, le prêteur dont les fonds seront prêts le jour de la rédaction de l'acte, sont et demeurent autorisés, ainsi que le co-échangiste et le co-partageant, à signer le même jour une déclaration sur timbre au profit de ceux qui doivent toucher l'argent, aux termes de laquelle déclaration le versement effectif, bien qu'énoncé à l'acte comme effectué, n'aura lieu qu'après l'accomplissement des formalités hypothécaires. (*Voir ci-après le modèle, p. 12.*)

Art. 28.

Ces déclarations devront être analysées avec le plus grand soin et portées sur le registre des dépôts.

Cette analyse sera signée, tant le jour du dépôt que le jour du retrait, par le ou les déposants, et la ou les personnes appelées à recevoir les fonds du dépôt, conformément aux modèles annexés à la présente loi. (*Voir ci-après, p. 13.*)

Une fois les formalités hypothécaires accomplies et les obstacles levés, l'acquéreur, le prêteur, le co-partageant, le co-échangiste ou leurs ayants-droit se rendront avec les parties qui doivent bénéficier des dites déclarations en l'étude du notaire, et, après les fonds versés, l'original de la dite déclaration sera rendu au souscripteur en échange de la décharge donnée au notaire sur le registre même des dépôts.

En cas de contestation au sujet de la validation de l'engagement contenu dans la déclaration, le juge de paix connaîtra de l'affaire jusqu'à concurrence de la somme de 1,000 francs en dernier ressort.

Pour les sommes supérieures à 1,000 fr. et jusqu'à 10,000 fr., le Tribunal de première instance jugera en dernier ressort.

Le différend se jugera sur mémoire et par le ministère d'avoués seulement.

ART. 29.

L'emprunt chirographaire étant la base de toute opération de Banque et les opérations de cette nature étant interdites aux notaires par l'article 12 des ordonnances du 4 janvier 1843, il est formellement défendu aux notaires d'emprunter de leurs clients par la voie chirographaire, sous peine de trois mois de suspension, six mois de la même peine en cas de récidive, et même de révocation en cas de nouvelle infraction au présent article.

Sont considérés comme clients d'un notaire, dans le cas dont il s'agit, les personnes qui, avant ou le jour du prêt chirographaire fait au notaire, auraient passé un acte devant lui, quelque peu important qu'il puisse être.

ART. 30.

Il est également interdit aux notaires, sous les mêmes peines, de se livrer à des opérations de vente de biens, à des opérations industrielles et commerciales et jeux de Bourse quelconques. L'achat de valeurs de Bourse au comptant leur est seul permis.

Sera puni de la suspension et pourra être révoqué en cas de récidive tout notaire qui aura contrevenu à l'ordonnance du 4 janvier 1843.

Tout agent de change ayant prêté son ministère à des opérations faites par un notaire en contravention aux dispositions précédentes, sera puni des mêmes peines que celles édictées contre le notaire.

ART. 31.

Par dérogation à ce qui précède, les notaires sont et demeurent autorisés à toucher, en vertu de procurations notariées, mais dans ce cas seulement, des capitaux pour le compte de leurs clients, à la condition de les inscrire sur leur registre de dépôts.

3

Art. 32.

Il est accordé aux notaires un délai de deux ans à partir de la promulgation de la présente loi pour rembourser les sommes qu'ils auraient empruntées chirographairement de leurs clients.

Art. 33.

Les clients des notaires qui leur auraient prêté de l'argent par billets, sous seing-privé, au mépris des prohibitions que crée la présente loi, devront exiger, dans le délai de deux ans à partir de sa promulgation, le remboursement des sommes à eux dues par les notaires, sous peine, après ce délai expiré, de s'entendre condamner aux frais du procès lors même que leur demande principale serait accueillie par le tribunal.

Art. 34.

Les intérêts des sommes dues au créancier, qu'il soit prêteur, vendeur, co-échangiste ou co-partageant, prix de fermage de biens ruraux et loyers d'immeubles bâtis, seront portés chaque jour et au fur et à mesure de leur réception sur le registre des dépôts. Les intérêts des sommes prêtées et les fermages devront être retirés par les prêteurs, les bailleurs ou leurs héritiers et ayants-droit dans les quarante jours de leur inscription sur le dit registre des dépôts.

Le même délai est accordé pour le retrait des intérêts des prix de ventes et soultes d'échanges et de partages.

Les déclarations de sommes à verser après l'accomplissement des formalités, analysées sur le registre des dépôts, devront être retirées et les fonds versés à qui de droit dans les trois mois de leur inscription sur le dit registre de dépôts, si l'on ne fait pas remplir les formalités de purge des hypothèques légales, et dans les six mois à partir du jour du dépôt des déclarations dans le cas contraire.

Art. 35.

Le notaire qui a rendu les fonds dont il pouvait être dépositaire, aux termes des articles précédents, est admis à justifier du retrait des dits fonds par la production de correspondances et récépissés de l'administration des Postes.

— 11 —

Art. 36.

Les originaux des déclarations relatives au versement de fonds, dont l'analyse doit être faite sur le registre des dépôts, seront écrits ou imprimés sur feuille de papier au timbre de 0 fr. 60. Elles seront, en cas de contestation entre créancier et débiteur, enregistrées gratis.

En cas de décès du déposant ou de celui qui doit profiter du retrait des déclarations ou des sommes encaissées par le notaire, conformément à la loi, le délai pour la remise des fonds sera porté au double de celui fixé à l'article 34.

Ce dernier délai expiré, les fonds seront versés par le notaire, aux frais de celui ou de ceux auxquels ils reviennent, à la caisse des dépôts et consignations.

Art. 37.

Les notaires sont et demeurent autorisés à écrire de leur main ces déclarations ou à se servir d'imprimés dont le libellé sera, en tout point, conforme au modèle annexé à la présente loi. (*V. p. 12 ci-après*).

Par dérogation au principe général en matière de preuve testimoniale, la déclaration et la décharge pourront être signées par deux témoins honorables choisis par les clients, mais agréés par le notaire et connus de lui.

Ces déclarations et ces décharges seront considérées comme des actes complémentaires du contrat lui-même, et non comme des contre-lettres.

TITRE IV. — ABROGATION DE L'ARTICLE 9 DE LA LOI DU 25 VENTOSE AN XI.

Art. 38.

A l'avenir et à partir de la promulgation de la présente loi, la mention aux actes notariés de la présence d'un second notaire et de témoins ne sera plus exigée que dans le cas où la présence des dits notaire et témoins est formellement prescrite par la loi, notamment dans les cas spécifiés au § 1ᵉʳ de l'article 11 de la loi du 21 juin 1843.

MODÈLE N° 1 (Articles 27 et 37 du projet ci-dessus)

Modèle de déclaration relative à un prix de vente payé comptant.

Je soussigné (nom, prénoms profession, domicile de l'acquéreur), prends l'engagement de verser en l'étude de Mᵉ (nom et résidence du notaire qui a reçu la vente) à M. (nom, prénoms, profession et domicile du vendeur) ou à ses créanciers hypothécaires dans trois (ou six mois) au plus, (selon que l'on fait transcrire *seulement* ou que l'on fait remplir les formalité de la purge des hypothèques légales)

La somme de dix mille francs, non productive d'intérêts, montant du prix de la vente moyennant lequel M. (nom du vendeur) m'a vendu un immeuble (le désigner et dénommer), suivant contrat passé aujourd'hui même, devant le dit Mᵉ (nom du notaire et lieu de sa résidence).

Laquelle somme de dix mille francs, bien que quittancée dans le contrat de vente, ne sera réellement versée par moi, à M. (vendeur) ou à ses créanciers inscrits sur l'immeuble ci-dessus désigné qu'après l'accomplissement des formalités de transcription et de purge des hypothèques légales et la signature du vendeur sur le registre des dépôts, sous le titre : Décharge due au notaire. Et en outre la décharge ci-dessous.

Fait à   l'an mil huit cent

(L'acquéreur devra mettre de sa main le bon pour).

Bon pour dix mille francs non productifs d'intérêts.

Signature de l'acquéreur.

Bon pour pour décharge définitive et sans réserve.
Le   18
Le vendeur.

MODÈLE N° 2 (Article 27 du projet ci-dessus)

Modèle de déclaration relative à un emprunt hypothécaire.

Je soussigné (nom, prénoms, profession et domicile du prêteur), prends l'engagement de verser en l'étude de Mᵉ (nom et résidence du notaire qui a reçu l'obligation) dans (délai), à M. (nom prénoms, profession et domicile de l'emprunteur) ou à ses créanciers inscrits sur l'immeuble qui m'a été donné en garantie, aux termes du contrat d'obligation passé aujourd'hui même devant Mᵉ (nom du notaire) la somme de quatre mille francs non productive d'intérêts, sur la preuve que la situation hypothécaire de M. (nom de l'emprunteur) ne s'est pas aggravée depuis le jour des premiers pourparlers qui ont précédé la signature du contrat d'obligation, ainsi que cela résultera d'un certificat du conservateur des hypothèques de l'arrondissement (nom de la conservation) à la date du jour où inscription aura été prise à mon profit sur les registres du dit bureau des hypothèques.

Les fonds versés à l'emprunteur, il sera aussitôt tenu de signer la décharge au notaire sur le registre des dépôts, et surabondamment de signer aussi la décharge ci-dessous.

Fait à   l'an mil huit   et le

Bon pour quatre mille francs sans intérêts.

Le prêteur.

Bon pour décharge définitive et sans réserve.
le   18
L'emprunteur.

MODÈLE N° 3 (ARTICLE 28 DU PROJET CI-DESSUS)

REGISTRE DES DÉPOTS

N° d'ordre DES Déclarations ET dépôts.	DATE.	NOM, PRÉNOMS, profession et domicile DU DÉPOSANT.	NOM, PRÉNOMS, profession et domicile DE LA PERSONNE qui doit faire le retrait.	ANALYSE DE LA DÉCLARATION (avec la date de l'acte et l'indication de sa nature)	MONTANT de la déclaration OU DU dépôt effectif.	DATE DU RETRAIT.	NOM, PRÉNOMS, profession et domicile DE LA PERSONNE qui opère le retrait.	OBSERVATIONS.	MONTANT du RETRAIT.	DÉCHARGE.
1	15 mars	Devignes, Pierre, cultivateur à L'Ile.	Durand, Joseph, ferblantier à Saint-Jean.	Engagement par Devigne de verser à Durand 4,000 fr. pour prêt (obligation du 15 mars) aussitôt que l'inscription sera prise, si la situation hypothécaire ne s'est pas aggravée.	4.000 »	27 mai 1889.	Durand, Antoine	Fils de Durand Joseph, décédé le	4.000 »	Dont décharge. *Signé :* ANTOINE DURAND PIERRE DEVIGNES.

NOTES EXPLICATIVES

TITRE I, ARTICLES 1 ET 2. — SUPPRESSION DES CLASSES, RESSORT.

Les nombreux et funestes abus qui se produisirent dans le notariat, à la suite de la loi du 29 septembre et 6 octobre 1791, décidèrent les législateurs à abroger cette loi et à la remplacer par celle du 25 ventôse an XI.

La première donnait à tout notaire de France, pour ressort, l'étendue du département où résidait ce notaire.

La seconde, s'inspirant de l'état de choses qui existait avant la Révolution, divisa les notaires en trois classes.

Il y avait, en effet, en 1789, trois classes de notaires, qui prenaient les qualifications de notaires royaux, seigneuriaux et ecclésiastiques, ayant tous des ressorts différents. Toutefois, les notaires de Paris, d'Orléans et de Montpellier jouissaient en outre de certains privilèges.

L'expérience n'a pas démontré que cette division présentât d'avantages et il semble que l'intérêt bien entendu des affaires, et celui des notaires en général, comme la logique, voudraient que le même ressort fut assigné à chaque notaire. Ce ressort serait celui des tribunaux de paix; une telle mesure ne nuirait en rien aux intérêts des notaires des villes et fortifierait l'esprit de confraternité entre les membres des différentes compagnies en enlevant une occasion de concurrence inégale.

Aujourd'hui que les voies ferrées appellent fréquemment les populations au chef-lieu des départements et des arrondissements, qui tous ont vu augmenter le nombre de leurs habitants, le nombre des actes reçus par les notaires de ces villes s'est accru considérablement. A quoi bon dès lors leur conserver ce privilège exorbitant et qui n'est plus de notre époque, d'aller recevoir des actes dans les plus petites bourgades de l'arrondissement du tribunal de première instance et de pouvoir instrumenter, au détriment du notaire voisin, à l'extrémité du ressort de la Cour.

Les notaires de 3e classe sont au nombre de 7,500 et les deux autres classes n'en comptent ensemble que 1.500.

Les clients riches pourront toujours réclamer les conseils d'un notaire de ville plus ou moins en renom; mais, pour l'acte lui-même, ils seront obligés de s'adresser aux notaires du canton où ils résideront lors de la réception de l'acte.

ARTICLES 3, 4, 5. — TARIF UNIFORME.

Les bons esprits se réjouissent des progrès qu'a faits, dans ces dernières années, l'idée d'un tarif uniforme, tarif que la majorité des notaires désirerait voir devenir légal.

Il existe encore, en ce moment, trois cent soixante et quelques tarifs, qui ne sont nullement reconnus par le gouvernement et dont l'appréciation est laissée au président du Tribunal de première instance.

M. de La Berge réclame, dans sa proposition sur la réforme du Notariat, vingt-sept tarifs, c'est-à-dire un pour chaque Cour d'appel, applicable à tous les actes émanant des notaires résidant dans le ressort de la Cour d'appel.

Il faut faire un pas de plus dans cette voie et en arriver à l'unité de tarif pour tous les actes des notaires de France. Le type que l'on doit adopter est celui des notaires de Paris.

On peut objecter la différence des frais, des dépenses de tout genre. Les loyers sont plus chers à Paris qu'en province, etc.

Cet argument, qui semble très spécieux, ne résiste pas au plus léger examen.

La classe la moins riche, celle des ouvriers et des cultivateurs, se trouve payer le tarif de Paris, puisque les tarifs de province ne sont décroissants qu'après les chiffres de 10,000 ou 20,000 fr. au plus.

Il y a même des tarifs, en province, qui sont plus élevés que celui de Paris.

Ajoutons qu'on ne doit pas craindre de donner des honoraires convenables aux notaires : leur responsabilité est grande et on ne saurait trop désirer que, sans aller chercher ailleurs des ressources supplémentaires et parfois peu en rapport avec le caractère de leurs fonctions, ils trouvent, dans la seule pratique de leur ministère, un revenu suffisant pour élever leur famille et vivre honorablement.

TITRE II, Articles 6 à 17. — STAGE, EXAMENS.

Il faut exiger que les examens ne soient pas considérés comme une pure formalité : ils doivent fournir réellement la preuve de l'aptitude du candidat à remplir la charge à laquelle il se destine.

Dès lors, pourquoi accorder en principe, comme le font les articles 37, 38, 39, 40 et 41 de la loi du 25 ventôse an XI, une prime au stage parce qu'il aura été accompli dans une ville où siège la Cour d'appel ou dans une ville où il existe un tribunal de première instance? Qu'importe à la société où le candidat a acquis son savoir? Les examens sont subis avec plus ou moins de succès ou ne le sont pas du tout.

Il est de toute nécessité que les épreuves aient lieu avant que l'aspirant ait traité d'un office de notaire. Après l'achat d'une étude, la juste sévérité des examinateurs pourrait se laisser fléchir et reculer devant les conséquences possibles d'un refus.

Le diplôme conférant le titre de candidat notaire ne serait délivré par le gouvernement que le jour où l'aspirant, après avoir traité d'un office, prêterait serment devant le tribunal de première instance.

Il serait à craindre, en effet, que certains aspirants au notariat ne traitassent pas d'un office et ne se servissent du titre de candidat notaire, constaté par ce diplôme, pour fonder des agences d'affaires.

Il ne faut exiger des aspirants au notariat que ce diplôme spécial et non ceux de bachelier ès-lettres et de licencié en droit.

L'obligation de justifier de ces titres n'aurait, en effet, que des inconvénients, sans offrir les avantages que sont en droit de réclamer la famille, la société et le recrutement du notariat.

Elle imposerait de grands sacrifices d'argent aux parents des étudiants en notariat, dont beaucoup ont une fortune très modeste; elle jetterait dans les villes où il existe des

Facultés de droit une multitude de jeunes gens qui ne pourraient pas tous travailler fructueusement dans les études de notaire, par suite de la limitation à quatre du nombre d'inscriptions attribuées à chaque étude, conformément à l'article 35 des ordonnances royales du 4 janvier 1843.

Une fois bacheliers ès-lettres ou licenciés en droit, la majeure partie des jeunes gens essaieraient de traiter dans les villes et délaisseraient ainsi les études de campagne.

De là, prix exagéré des études de villes, par suite du grand nombre de candidats, et dépréciation considérable sur les offices de campagne, dont il faudrait, après un certain temps, demander la suppresssion, ce qui nuirait aux intérêts des populations.

Il serait peut-être juste d'accorder une dispense de stage aux magistrats de l'ordre judiciaire, mais jamais aux fonctionnaires de l'ordre administratif, comme le fait l'article 42 de la loi du 25 ventôse an XI.

En effet, les premiers, en dehors de leur titre de licencié en droit, ont une certaine pratique des affaires ; quant aux seconds, on devrait leur refuser une dispense quelconque de stage.

La composition du Jury d'examen, telle qu'elle est proposée, offrirait toutes les garanties désirables de savoir, d'honorabilité et d'indépendance.

TITRE III, Articles 18 et suivants. — Comptabilité.

Dans toutes les administrations, il existe une comptabilité ; les commerçants sont tenus d'avoir des livres sous peine d'être punis, en cas de faillite, selon toute la sévérité des lois. Pourquoi la loi n'imposerait-elle pas une semblable obligation aux notaires dont elle garantit le monopole ?

Les employés de l'Enregistrement sont les fonctionnaires dont le choix s'impose pour contrôler les livres des études de notaires.

La surveillance des livres d'étude pourra être exercée plus efficacement par eux que par les notaires, membres de la chambre : leur titre de confrère et leurs nombreuses occupations seraient des obstacles à l'accomplissement d'un tel mandat. Il pourrait arriver fréquemment que les notaires délégués pour aller inspecter la comptabilité de leurs collègues fussent à l'instant même retenus dans leur étude par un client qui les requerrait de recevoir séance tenante un acte dont on ne pût reculer la réalisation, tel qu'un contrat de mariage, donation entre-vifs ou testament.

Le contrôle par les notaires trouverait encore une pierre d'achoppement dans la durée et la fréquence des déplacements des membres de la chambre chargés de cette délicate mission.

Donner cette mission de confiance à d'anciens notaires, ayant obtenu l'honorariat, serait téméraire : il faut compter avec les infirmités physiques de ces nouveaux inspecteurs, dont presque tous auraient atteint un âge avancé.

Et puis, par qui seraient-ils payés ? Il serait nécessaire de leur donner, en effet, et des appointements fixes et des frais de déplacement.

Il ne faut point songer à les voir rémunérer par le trésor public : l'état des finances du gouvernement s'y oppose.

Serait-ce par les fonds des bourses communes des chambres des notaires? Ils seraient insuffisants pour salarier d'assez nombreux inspecteurs. Et puis, ne pourrait-on pas, s'ils étaient payés sur cette caisse, suspecter leur impartialité ?

Au surplus, ces anciens notaires, tout au moins la majeure partie d'entre eux, ne consentiraient à exercer leur contrôle que dans les départements où ils auraient établi leur domicile, ce qui serait encore une garantie de moins pour un contrôle sévère. En effet, dans ce cas ils auraient à contrôler les livres d'anciens collègues, peut-être d'amis et même de parents ou alliés.

Les employés de l'Enregistrement, au contraire, appartiennent à une vieille et honorable administration, estimée de tous, dont les fonctionnaires ne résident pas, en général, dans leur département d'origine, sont sujets au changement et qui possèdent tous les secrets des études de notaires, même les testaments après ouverture.

En ajoutant quelques frais de déplacement à leurs appointements, le contrôle des livres des études de notaires s'effectuerait sans bourse délier de la part des chambres des notaires.

L'obligation imposée aux notaires de conserver chaque dépôt d'espèces ou billets de banque dans un sac distinct en toile, cacheté et étiqueté au nom de leurs clients, est pour tout notaire un devoir professionnel.

A l'appui de cette opinion, on peut invoquer les traditions de la grande compagnie des notaires de Paris et le souvenir honoré de l'un d'entre eux, Mᵉ Boulard.

Voici le fait que nous empruntons au *Répertoire de la jurisprudence du Notariat* (1) de Rolland de Villargues :

« Depuis plus d'un siècle, le notariat de Paris révère la mémoire de Mᵉ Boulard,
» ancien notaire, qui remettant, après de longues années, un dépôt de quelques cent
» mille francs, répondit victorieusement à des suppositions dictées moins par le soupçon
» que par les habitudes alors si communes d'une piquante malice, en représentant des
» espèces empreintes de la rouille du temps et dont la date déposait d'une fidélité de
» vingt ans. Notre siècle s'honore de pareils exemples, et il n'est pas rare que des
» notaires qui, surtout à Paris, reçoivent des dépôts en billets de banque constatant la
» série et le numéro de chaque billet ».

Les nombreux désastres qui se produisent dans le notariat, depuis quelques années et d'une façon croissante, inquiètent à juste titre le public, qui voit dans ces fonctionnaires de véritables privilégiés de l'État, puisqu'ils ont un monopole.

Le notariat, qui était autrefois le sanctuaire de l'honorabilité, est devenu l'officine de malversations de toutes sortes.

D'après M. Soucaze, actuellement député, le nombre des déconfitures et des destitutions « s'était tenu, jusqu'à l'année 1881, dans une moyenne de 18 à 25. En 1882, il s'éleva » à 40 ; en 1883, à 41 ; en 1884, à 58 ; en 1885, à 54 ; en 1886, à 52 ; en 1887, il s'est » élevé à 75. » Il ne connaît pas le relevé de 1888 (2).

D'après M. Albert de La Berge, également député, « le nombre des pertes annuelles » imposées par le notariat à la société française s'élève à trente millions (3). »

Au sujet des sommes qui doivent être prêtées par actes authentiques contenant hypo-

---

(1) T. III, 2ᵉ édition, p. 550, n° 18 *in fine*.
(2) Proposition de loi sur la réforme du notariat, déposée par M. Soucaze à la Chambre des députés, session de 1889, sous le n° 3550.
(3) Proposition de M. de La Berge, n° 3297.

thèques, il serait bon d'établir une déclaration sur papier timbré signée du prêteur, de l'acquéreur et des co-échangistes et co-partageants, de laquelle il résulterait que le montant du prêt constaté par obligation; que la somme payée comptant sur le prix de vente, et que les soultes d'échange et de partage également exigibles lors de la passation des actes, ne seraient réellement payées (comme cela a lieu de nos jours, dans la pratique, sans qu'il en reste trace, bien qu'encaissés par le notaire), qu'après l'accomplissement des formalités d'inscription, de transcription et de purge des hypothèques légales, le tout suivi d'un état délivré par le conservateur des hypothèques, dans les six mois au plus tard de la réception par les notaires des actes sus-énoncés.

Ces déclarations de sommes à verser seront analysées sur le registre des dépôts et seront signées par le prêteur, l'acquéreur et les co-échangistes débiteurs des soultes, et les retraits de ces sommes seront signés sur le dit registre par toutes les parties contractantes.

Ce mode de procéder est bien moins coûteux que celui qu'emploie le Crédit foncier lorsqu'un emprunteur a recours à cette société financière.

En effet, après la coûteuse opération de l'expertise des biens, l'emprunteur consent un contrat d'obligation provisoire au Crédit foncier, qui ne verse les fonds qu'après l'accomplissement des formalités hypothécaires.

Si à cette époque la situation du débiteur ne s'est pas aggravée au point de vue des garanties offertes dès le début à la société, on fait alors un acte de réalisation d'emprunt.

Dans le cas contraire, le prêt n'a pas lieu et le débiteur ou mieux celui qui a formé la demande d'emprunt paie les frais d'expertise, les droits d'enregistrement, qui sont de 1 p. % décimes en sus, et les honoraires de notaires, qui s'élèvent à 1 fr. 25 p. %. (Décret-loi du 28 février 1852 et loi du 10 juin 1853, cette dernière relative à la purge des hypothèques légales).

A première vue, la mesure de prudence qui défend à tout notaire d'emprunter de ses clients par billets simples ou en la forme commerciale une somme quelconque paraît être une mesure draconienne au premier chef : elle n'est en réalité qu'une sage précaution destinée à éviter presque tous les désastres financiers qui se produisent dans le notariat.

De nombreuses Chambres de notaires défendent à leur compagnie, dans leur règlement intérieur, de prêter à leurs clients par voie chirographaire ; or, pour obtenir ce résultat, il faut absolument couper le mal dans la racine en prohibant les emprunts chirographaires, faits par les notaires à leurs clients.

Cette sage prohibition n'est après tout que le salutaire reflet de nos codes, en matière de défiance et de libre consentement, substance indispensable à tout contrat.

L'article 909 du Code civil frappe de nullité les legs ou donations entre-vifs, faits au profit des médecins, des chirurgiens, des pharmaciens et des ministres des cultes par les malades qui sont morts de la maladie au cours de laquelle les uns ont ordonné des remèdes, les autres préparé et fourni les médicaments, et les derniers, donné les secours et consolations de la religion.

De même que le législateur du Code civil, dans l'espèce, a redouté pour les citoyens l'influence de la crainte professionnelle qu'il a supposé, à *juste titre*, devoir exister dans l'esprit des malades au profit des médecins, pharmaciens et ministres des cultes, de même nous aussi nous redoutons la crainte professionnelle qu'inspirent les notaires à la majeure partie de leur clientèle, surtout à la campagne, lorsque ces fonctionnaires demandent à emprunter de l'argent, par billets, à leurs clients, dont beaucoup d'entre eux peuvent être leurs obligés à divers titres.

La condamnation à la suspension, et à la destitution en cas de récidive, sera une juste sanction de cette défense, qui doit être observée.

La condamnation au paiement des frais dans une demande en remboursement d'une dette de cette sorte, prononcée au préjudice du client créancier de son notaire, tout en lui donnant gain de cause pour la créance elle-même complètera la sanction de cette défense.

TITRE IV, Article 38. — Abrogation de l'article 9 de la loi du 25 ventôse an XI.

L'obligation, imposée par l'article 9 rappelé, de mentionner des témoins instrumentaires et le notaire en second, qui signent l'acte, bien qu'il soit fait et lu en dehors de leur présence, crée une sujétion pénible sans donner aux contractants ni au public aucune garantie sérieuse. Marcadet qualifie ces formalités de *comédie légale.* Il ne faudrait conserver cette obligation que pour les actes reçus en la forme dite solennelle, énumérés dans la loi du 21 juin 1843, où les témoins sont réellement présents et le concours du notaire effectif.

Il est fâcheux pour les notaires, dont le caractère grave s'oppose à tout énoncé non conforme à la vérité, que la formule admise en tête des actes constitue ce qu'on pourrait appeler un *mensonge authentique,* si ces deux mots pouvaient s'allier. Mentionner la présence d'un homme qui est absent, c'est un singulier début pour un acte appelé à faire foi et à inspirer toute confiance.

Il y a là un véritable faux, non justiciable des tribunaux, il est vrai, mais peu digne, et, nous le répétons, sans aucune utilité : les notaires qui reçoivent leurs actes avec des témoins instrumentaires sont forcés pour ne déranger ni témoins, ni clients, d'aller frapper à la porte de leurs barbiers, tailleurs, cordonniers et menuisiers, à l'effet d'obtenir les signatures de ces précieux auxiliaires, qui n'ont même pas à prendre communication du contenu des actes.

Leurs signatures, leurs paraphes, aveuglément apposés sur les actes, voilà tout ce que la loi et l'usage exigent d'eux. — A quoi bon ? — Dans les grandes villes, où l'on est dans l'habitude de recevoir les actes avec le concours du notaire en second, les clercs de notaire perdent un temps précieux à courir d'une étude dans une autre pour recueillir une signature difficile à obtenir et sans aucun intérêt réel.

La formule « par devant Mᵉ N..., notaire à N..., soussigné », débarrassée de la mention du concours d'un collègue absolument étranger à l'acte, suffirait à l'authenticité du contrat et à la garantie des parties.